LES
Prophéties de Maître Jacques
OU L'AVÈNEMENT DE NAPOLÉON V

EN VENTE

CHEZ TOUS LES LIBRAIRES et à BORDEAUX, RUE DES FACULTÉS, N° 52

Prix : 1 franc

(TRADUCTION RÉSERVÉE)

PUBLIÉES POUR SERVIR D'INTRODUCTION

A

LA LANTERNE DE MAITRE JACQUES

JOURNAL

RÉPUBLICAIN SOCIALISTE HEBDOMADAIRE

QUI PARAÎTRA PROCHAINEMENT

S'adresser à Maître Jacques, à l'adresse ci-dessus, pour les abonnements : UN AN, **6 fr.** ; — SIX MOIS, **3 fr.** ; — TROIS MOIS, **1 fr. 50.**

ISSOUDUN

IMPRIMERIE EUGÈNE MOTTE

1894

LES
Prophéties de Maître Jacques
OU L'AVÈNEMENT DE NAPOLÉON V

EN VENTE

CHEZ TOUS LES LIBRAIRES et à BORDEAUX, RUE DES FACULTÉS, N° 32

Prix : 1 franc

(TRADUCTION RÉSERVÉE)

PUBLIÉES POUR SERVIR D'INTRODUCTION

A

LA LANTERNE DE MAITRE JACQUES

JOURNAL

RÉPUBLICAIN SOCIALISTE HEBDOMADAIRE

QUI PARAÎTRA PROCHAINEMENT

S'adresser à Maître Jacques, à l'adresse ci-dessus, pour les abonnements : UN AN, **6** fr. ; — SIX MOIS, **3** fr. ; — TROIS MOIS, **1** fr. **50**.

ISSOUDUN

IMPRIMERIE EUGÈNE MOTTE

1894

Les Prophéties de Maître Jacques

ou

L'AVÈNEMENT DE NAPOLÉON V

« L'évènement est un grand
maître, et j'en suis toujours le
très humble serviteur. »

M. MARAIS.

I

Nul n'est prophète en son pays, a dit Jésus ; à plus forte
raison dans sa famille, a dit Montaigne ! Il n'en est pas
moins vrai qu'il y a toujours eu des prophètes, c'est-à-dire
des voyants ou des devins-logiciens dans tous les temps, et
que ces prophètes ou voyants des actions humaines futures
ont surgi par-ci par-là dans tous les pays du globe habités
et ont toujours été remarqués à cause de leur état d'esprit,
de leur personnalité, et ont fini par s'immortaliser à leur
manière, en conquérant dans les âges futurs une notoriété,
une force d'expansion et de lumière qui les fait appeler
prophètes de malheur ou divins prophètes, suivant qu'ils
ont décrit des temps heureux ou néfastes pour l'humanité !

Mais les prophètes aident-ils à l'avènement d'évène-
ments nouveaux et prédits à l'avance ?

Oui, à notre sens, car les prophètes sont des éducateurs,

des élus de Dieu, des jalons placés par la Providence dans les ténèbres qui enveloppent cette pauvre humanité, pour lui faire éviter les écueils de perdition certaine et la faire avancer, malgré ces écueils, vers le *summum* du progrès, sur le chemin du véritable paradis terrestre.

L'humanité est condamnée au progrès, à la perfection, d'où elle est sortie ; c'est là loi divine. Et voilà pourquoi la Providence, qui mène tout, suscite des prophètes !

« L'histoire est une résurrection », a dit Michelet ; d'autres ont dit : « un éternel recommencement » ; il y a du vrai, mais non du complètement vrai dans ces appréciations. L'histoire ne se refait pas ! Écrire l'histoire future, c'est donc la deviner, la voir se dérouler dans la pensée intime, sous les yeux du prophète ! De même que Jeanne Darc voyait la France libre, dans son unité, à la tête des Nations ; de même que Suzette Labrousse voyait l'Eglise sans monarchie temporelle, mais moralement au-dessus de toutes les écoles philosophiques ; de même que Bernadette Soubirous voyait une des plus belles basiliques de l'art chrétien et toute une ville sortir des grottes Massabielle ; de même celui qui livre ces pages au public, voit, *si l'on n'y prend garde*, l'avènement et le sacre prochain, plus prochain qu'on ne croit, de Napoléon V !

II

Thiers a dit : « La République finit toujours, en France, dans le sang ou l'imbécillité ». Il a dit aussi : « Je vois ici trois partis monarchistes pour une seule couronne et je ne vois qu'un parti républicain ; voilà pourquoi je vous propose d'organiser la République. Si la couronne doit être un jour dévolue à l'un des partis monarchiques, elle ne le sera, soyez-en sûrs, qu'au plus sage ! »

— 5 —

Depuis lors, la République a été organisée, et si les républicains n'ont pas toujours été les plus sages, ils ont sûrement été les mieux avisés, les plus politiques. Et la République, grande et forte, poursuit son chemin, malgré la sourde opposition des partis aux abois.

Oui, mais la République ne sera définitive que lorsque l'Europe sera républicaine, lorsque les peuples se seront donné la main et auront sacrifié les monarques à l'alliance des nations, sous le joug tutélaire de la forme gouvernementale économique, démocratique et sociale. Le XXe siècle ne verra peut-être pas l'hégémonie, la grandeur, la prospérité des États-Unis d'Europe !

L'homme est libre ; les droits de l'homme sont consacrés ; mais la marche générale de l'humanité est dirigée par l'éternelle force, l'éternelle volonté, Dieu, contre qui les sophismes et la science même ne peuvent rien, qui lui servent, au contraire, d'instruments, et qui rendent sa puissance plus éclatante !

Les fins dernières de l'humanité sont connues de Dieu seul.

En 1898, les socialistes sont au pouvoir ; la solidarité humaine a fait un grand pas. L'Afrique est conquise, les villes, les centres commerciaux, naissent à profusion dans le continent noir ; Français, Anglais, Allemands, Italiens, se disputent à l'envi la civilisation de la race noire, mais la haine des races n'est pas éteinte. L'Italie, ruinée, mais armée jusqu'aux dents, pousse des cris de condottiere dans toute sa péninsule. L'Autriche se prépare à un travail de gestation dont elle sent la portée, mais dont elle ignore l'issue. L'Allemagne ronge son frein et frémit de colère en face des points noirs qui se montrent partout à l'horizon. La Turquie sent le Croissant vaciller sous les coups, sourds encore, mais réitérés du vent du Nord. La Grèce, le Danemarck, la Belgique, la Hollande et la Suisse, pressentant les événements, lèvent les yeux en haut et poussent des *sursum corda* ! L'Angleterre promène fébrilement ses Léopards sur toutes les mers et se tient prête à se jeter sur des proies convoitées depuis longtemps. La Russie monte la garde un peu partout sur ses frontières et sur la mer, de même que la France qui, de plus, rajeunie et sereine, prépare cette grande merveille, l'Exposition universelle internationale de 1900 !

III

Nous avons vu l'Exposition fin-de-siècle de Paris en 1900. Pourra-t-on jamais faire plus beau, plus grandiose ? Il semble que la France s'est surpassée ! Le peuple Français se repose et recueille les fruits de sa science, de ses goûts artistiques, de son labeur, de son courage indomptable. Nous sommes en 1902. Un coup de canon retentit à l'Orient ; qui l'a tiré ? Nul ne le sait. Il se répercute immédiatement sur les Alpes. Les mobilisations universelles répondent aussitôt à la provocation. En moins de quinze jours, des combats sanglants sont livrés sur les bords du Danube, où Turcs et Russes sont aux prises ; sur les bords du même Danube, au-dessous de Vienne, où Russes et Autrichiens entrent en lice ; non loin de la Bérézina, où Russes et Allemands se rencontrent ; sur les confins de l'Helvétie où les Suisses défendent leur indépendance contre les Autrichiens ; sur la frontière belge du côté de l'Allemagne, où les soldats belges arrêtent un moment les Allemands ; dans les Vosges, où la trombe française contre les Allemands fait se soulever tout le peuple d'Alsace-Lorraine ; sur les Alpes, où la France refoule comme une avalanche les soldats italiens ; il n'est pas jusqu'à l'Espagne qui ne coure assiéger Gibraltar ; le Danemarck qui n'envahisse le Sleswig-Holstein ; la Grèce, le Tchar-Dagh et la Roumélie occidentale, pour donner la main aux Russes qui assiègent déjà Varna et Andrinople.

Les vieillards, les femmes et les enfants, sont seuls dans les cités et les campagnes non envahies ; les nouvelles abondent, réjouissantes, contradictoires, terribles, sombres, lumineuses, réconfortantes, décevantes, puis... plus rien ! Les télégraphes, les téléphones sont coupés. Les cris de désespoir, les larmes, les coups de clairon, le tambour, les cloches, le sifflet de la machine à vapeur, rompent seuls le silence. La fièvre de la destruction est sur toutes les frontières, dans les ports et dans les arsenaux !

Vieillards, femmes, enfants, vous ne respirez plus, vous ne dormez plus, l'anxiété la plus atroce est sur tous les visages...

Arrivent des convois innombrables de blessés, de mutilés... Tous les hôpitaux se garnissent ; la population valide est tout entière garde-malade. On s'informe, l'un vient de Toulon, l'autre de Vintimille, l'autre de Turin, l'autre de Genève, l'autre de Bade, l'autre de Bruxelles, l'autre du Cotentin, l'autre de Brest... Mais qui est victorieux ?

— Là-bas, c'est la fournaise, l'enfer, qui est victorieux ? Nous n'en savons rien !

Prions, prions, les *Te Deum*, les actions de grâces ne sont pas encore de saison.

IV

BATAILLE DU BOSPHORE

Le général Gourko, à la tête de six divisions, c'est-à-dire d'une armée de 60.000 hommes, bien composée comme infanterie, cavalerie, artillerie, génie, sachant que les mobilisations de toute l'armée russe et de toute l'armée française, allaient lui donner, l'une, l'appui matériel nécessaire, l'autre, l'appui de la forte diversion qui allait attirer sur les Alpes, sur les Vosges, sur la frontière belge-allemande, les armées de la Triple-Alliance, le général Gourko, disons-nous, fit un bond des bords du Danube, de Roustchouk à Varna et bousculant tout sur son passage, vint asseoir son camp sous les murs d'Andrinople, avant que la Turquie et l'Autriche eussent pu prendre utilement la défensive.

Le général grec Montopoulos, à la tête de 60.000 hommes, envahissait en même temps le Tchar-Dagh et la Roumélie occidentale, balayait les Turcs tenant la campagne sur son chemin et se rendait à marches forcées vers le même but, Andrinople !

Les flottes turque et anglaise tenaient le Bosphore et la mer de Marmara ; les flottes italienne et autrichienne, accouraient du canal de Messine et du canal d'Otrante, pour prêter main forte. Une flotte russe était bloquée au Pirée, mais une flotte turque était bloquée à Sinope dans la mer Noire et de tous les ports russes de cette mer, notamment de Sébastopol, accourait vers le Bosphore, toute la flotte russe, commandée par l'amiral Avellan, battant pavillon sur le cuirassé de haut bord Krasnoë-Coelo.

Les Turcs, satisfaits de la présence de la flotte anglo-austro-italienne, mettaient vivement Constantinople en défense et faisaient des prodiges pour refouler les Greco-Russes sur le continent. Des combats sanglants venaient d'avoir lieu autour d'Andrinople, mais une bataille décisive où les Turcs furent écrasés, anéantis, entre les deux armées grecque et russe allant toujours grossissant, eut pour résultat de laisser Andrinople aux mains des Russes, de rejeter vers Constantinople les débris épouvantés de l'armée turque ; ceux-ci rentrèrent dans Constantinople et eussent semé la panique dans la population turque, sans une énergique répression et l'attitude héroïque d'Osman-Pacha, gouverneur de la capitale.

Le Sultan était rassuré par la vue des fiers marins de la Triplice, que commandaient les marins, plus fiers encore, de l'Angleterre, sous les ordres de l'amiral Seymour. Toutes leurs flottes débarquaient des canons, des munitions et des hommes sur les remparts de la Corne d'or, tandis que du côté de terre, les Turcs maintenaient à distance les armées de Gourko et de Montopoulos.

La flotte anglaise évoluait dans la mer Noire à quelques nœuds du Bosphore, lorsqu'une longue file de vaisseaux russes, de tout rang et de tout ordre, fut signalée. La flotte anglaise avança résolument, prit son branle-bas de combat et laissa sortir du Bosphore six cuirassés italiens, le *Lépante*, la *Spezzia*, le *Galantuomo*, le *Bersaglieri*, le *Napolitain* et le *Vesuvia* qui vinrent se ranger en échelle oblique, à côté et un peu au-dessous des Anglais. Un cuirassé allemand, le *Kaiserlautern*, deux cuirassés autrichiens, le *Tegetoff* et le *Trentin*, trois cuirassés turcs, l'*Iman*, l'*Udine* et le *Miridill*, et toute une flottille de torpilleurs et de bateaux sous-marins, garnissaient le Bosphore, prêts à s'élancer au combat, à l'appel des Anglais, ces rois de la mer !

Le *Krasnoï-Coelo* portant pavillon de l'amiral Avellan envoie un boulet dans l'armature du *Prince-de-Galles* que monte l'amiral Seymour, et ces deux cuirassés s'étant reconnus, se mettent un peu à l'écart pour se combattre, tout en gardant le commandement.

C'était le matin au lever du soleil, la brume à peine

dissipée laissait voir ces immenses plaines liquides de la mer Noire et de la Mer de Marmara, réunies par le long col ou canal du Bosphore et dominées par le plus beau port du monde, la Corne d'or, les Minarets, les hautes tours, les monuments de Constantinople sur la terre d'Europe et de Scutari sur la terre d'Asie.

Un calme profond, une brise d'Orient, les cieux attentifs, l'abîme frémissant en-dessous, régnaient en ce moment. Tout à coup les eaux s'agitent, les côtes tremblent, des tourbillons de flamme et de fumée s'élèvent dans l'air, des volcans sous-marins vomissant d'énormes éclats de fer, de fonte, de bois et une pluie de débris de matières et de corps humains, grondent en tonnerres épouvantables ; la houle, le choc des masses s'écrasant dans la lutte, les vomissements de milliers de bouches à feu de tout calibre, depuis le canon-révolver Hottchiss jusqu'au canon de cent tonnes, le monstrueux Armstrong, les cris et les sifflets stridents des commandements en toutes langues, les ronflements sonores de tant de machines à vapeur, des hélices fouettant l'abîme, et les cris de douleur, d'enthousiasme, de rage, d'agonie, de suprême folie, se mêlent au tonnerre incessant des batteries de terre, du bombardement le plus formidable que l'humanité ait jamais vu et entendu depuis Archimède !

Le soir, au crépuscule, la tourmente ralentit ses coups, comme si les trytons de tous les Océans avaient été appelés à renouveler la provision de charbon de l'immense fournaise, pendant le repos des puissances humaines accumulées autour et dans le Bosphore.

O nuit terrible ! Que se passa-t-il ?

Lorsque le soleil, l'éternel soleil, toujours vivifiant et superbe, vint éclairer cette scène, tous les faubourgs de Constantinople étaient en flammes, les Turcs y compris le sultan Abdul-Admid encore vivant, avaient pris leur vol sur le Bosphore et s'enfermaient à Scutari. L'amiral français Humann, à la tête de la flotte de la Méditerranée, après avoir détruit, coulé, fait sauter, tout ce qu'il rencontrait sur son passage, gardait le Bosphore d'où plus rien de vivant ne pouvait sortir.

Du côté de la mer Noire le *Krasnoë-Coelo* et le *Prince-de-Galles*, un peu à l'écart de bateaux démontés, criblés, transformés en prisons ou ambulances flottantes, évoluaient en combattant avec fureur et cherchaient à se donner le dernier coup.

Ce fut le *Krasnoë-Coelo* qui, perpendiculaire au *Prince-de-Galles*, fit machine en arrière, puis en avant et vint enfoncer son formidable éperon à bâbord, dans le flanc de son redoutable ennemi. La fusillade, la mitraillade, cessèrent presqu'aussitôt. L'amiral Avellan, les bras croisés sur la dunette de son navire, vit sombrer, s'engloutir majestueusement sous les flots, le *Prince-de-Galles* avec son amiral et tout son équipage. Ce malheureux cuirassé était allé rejoindre son aîné, le *Victoria*, abîmé sous les flots dans les eaux d'Alexandrie, dix ans auparavant.

Le Bosphore n'était plus qu'un long bassin couvert de débris de toutes sortes, aux eaux changées en tourbillons d'encre par les poudres et les charbons immergés, avec par-ci, par-là, des bouillonnements rougeâtres occasionnés par le sang humain !

Le soleil d'Orient éclairait désormais la Croix-de-Saint-André et le pavillon des Tzars sur les murs de Constantinople, tandis que le Croissant, rejeté en Asie, flottait, triste, abattu, sur les murs de Scutari.

V

BATAILLE DE GENÈVE.

L'Italie, l'Autriche et l'Allemagne se levaient en masses. Les flottes italiennes de Gênes, de la Spezzia, unies à la flotte anglaise de l'amiral Spencer, évoluaient dans le golfe de Gênes, sur les côtes de la Corse et menaçaient Toulon. L'armée italienne couvrait son versant des Alpes, de la Méditerranée à l'Adriatique et faisait mille efforts pour s'emparer des tunnels, des cols, des routes, pour se jeter dans la Savoie, Nice et la Provence, dans l'intention évidente de cerner Toulon et Marseille par terre, pendant qu'une flotte anglo-austro-italienne bloquerait ces deux ports du côté de la mer.

Mais la flotte française de Toulon, sous les ordres de l'amiral Lefebvre, avait donné la chasse aux ennemis, les avait refoulés jusque dans les eaux de la Sardaigne et de la Sicile et permettait ainsi à nos transports d'amener la mobilisation africaine sur le continent. On se battait au canon, à la fusillade, entre Menton et Vintimille, entre Modane et Bardonnèche, et surtout à la fusillade sur toute la ligne des Alpes. Bientôt une fourmilière de troupes d'Afrique, aux visage noirs ou bronzés, unie aux soldats du littoral français méditerranéen, escalade les Alpes sur les pas, les bonds et les sauts de nos chasseurs alpins ; canons, mitrailleuses à l'infini, courent sur les mêmes chemins et sans coup férir, toute l'armée italienne, du col de Tende à la Valteline, est criblée, refoulée, à moitié écrasée, jusqu'au delà de Turin et Milan qui tombent au pouvoir des Français...

Pendant ce temps, le général autrichien Kœnigs-Graëtz franchissait les Alpes rhétiques et les Alpes des Grisons à la tête d'une armée de 500.000 hommes, pour entrer en

France par Genève et marcher sur Lyon. Mais les Suisses, si jaloux de leur indépendance et si fiers des victoires de Guillaume Tell sur Gessler, lui suscitaient mille embarras en coupant, en obstruant les voies et en lui décimant tous ses corps d'éclaireurs, d'avant-garde ou de troupes isolées à la recherche de passages nouveaux. Ce ne fut qu'à grand peine que la grande armée d'Autriche, bien fatiguée et bien entamée, arriva par les diablerets sur le bord oriental du lac de Genève.

La ville de Genève était défendue par le gros de l'armée Suisse, peu nombreuse, mais intrépide et vaillante et d'autant plus rassurée qu'elle attendait d'un moment à l'autre le général Villain à la tête de 200.000 Français.

La jonction des Français et des Suisses eut lieu sous les murs de Genève et les dispositions de combat furent aussitôt prises. L'artillerie, devancée par les régiments de cavalerie légère et par les bataillons de chasseurs à pied, sortait de Genève, pendant que la masse des divisions d'infanterie débouchait au pas de charge à la pointe du lac et prenait position dans tous les accidents de terrain, en face de l'armée autrichienne. Un corps de 20.000 dragons et cuirassiers français contournait le lac par Lausanne et devait prendre les Autrichiens en flanc, pendant la bataille engagée devant Genève.

Il y eut d'abord un combat homérique d'artillerie ; presque toutes les pièces étaient démontées et fracassées, autant d'un côté que de l'autre ; des rangées formidables d'affûts, de roues, de canons, de caissons tordus et brisés, de chevaux morts, d'artilleurs et de servants tombés dans les débris ou dans des mares de sang, formaient comme une barrière servant de rempart aux bataillons frémissants qui, franchissant tout à coup cette barrière, entrèrent en lice et se fusillèrent deux jours durant, laissant çà et là des murailles, des forts, des monceaux de cadavres, derrière lesquels chaque armée reprenait haleine avant de recommencer la lutte.

Les Suisses des Alpes pennines descendaient comme une avalanche sur l'aile gauche des Autrichiens. Les escadrons français venus par Lausanne assaillaient l'aile droite pendant que le général Villain tenait tête d'abord puis faisait reculer peu à peu le général Kénigs-Graëtz... Un moment la lutte devient terrible, la mêlée troublante ; on s'égorge, on s'éventre, on se tue, on se lasse d'escalader des cadavres... On ne sait plus s'il restera un seul soldat vivant et debout sur cette terre suisse où se livre la grande bataille... Tout à coup une canonnade intense, que répercutent les échos de tous les monts d'alentour, se rapproche, grandit du côté des Alpes bernoises ; c'est l'Autriche et l'Allemagne sans doute qui envoient des renforts à Kénigs-Graëtz ; les Français et les Suisses répondent à cette nouvelle menace par un redoublement de fureur et d'énergie et sont bientôt stupéfaits de voir l'armée autrichienne ne plus se défendre et mettre bas les armes ! Elle était prise, réduite, cernée et obligée de capituler.

Le général Louis Napoléon, gouverneur de Varsovie, précédé de nuées de Cosaques, était parti de cette ville en même temps que Gourko de Roustchouck, et à la tête de 100.000 hommes, avait franchi la Vistule, battu à plate couture une armée autrichienne au pied des Karpathes, était entré à Vienne sans coup férir, avait occupé militairement cette capitale, puis était venu sur les pas de Kénigs-Graëtz à la rencontre de son armée et au secours du général Villain.

L'armée autrichienne prisonnière, désarmée, fut envoyée à pleins trains sur les côtes de France, depuis Bayonne jusqu'à Lorient et gardée dans des baraquements. Ces trains de prisonniers, sillonnant la France en tous sens, rendirent aux vieillards, aux femmes et aux enfants, la joie et l'espérance !

Lorsque le général Louis Napoléon, en tenue de son grand oncle, redingote grise, petit chapeau... monté sur un beau cheval blanc, entouré de son état-major, vint embrasser le général Villain sur le champ de bataille de Genève, on entendit, au milieu d'un enthousiasme indescriptible, sortir de toutes les poitrines suisses, russes et françaises, ces cris mille fois répétés :

Vive la Russie ! Vive la Suisse ! Vive la France !

Vive l'empereur !

VI

BATAILLE DE WATERLOO

(2e du nom)

Pendant le même temps, l'empereur Guillaume II, d'Allemagne, à la tête de 500.000 hommes, débouchait dans les plaines d'Alsace-Lorraine, laissait de fortes garnisons à Strasbourg et Metz, et poussait une artillerie formidable vers la ligne des Vosges, tandis que ses lieutenants Wagner et Putmaker, à la tête, l'un de 300.000 hommes, entrait en Belgique par Maëstricht, pour venir en France tourner la ligne des Vosges, rejoindre l'empereur et marcher ensemble sur Paris ; l'autre, Putmaker, à la tête de 400.000 hommes, gardait la frontière russe.

Le général anglais Wolseley, débarquait avec un corps de 30.000 hommes à Anvers, pour se joindre au général prussien Wagner, tandis que l'amiral Simpson maltraitait les côtes de France dans la Manche et sur l'Océan, tout en faisant des efforts pour bloquer Cherbourg, Brest et Rochefort.

Le général Roland, à la tête de 500.000 Français, résistait dans les Vosges et ne laissait pas gagner un pouce de terrain à l'armée allemande, qui avait encore à combattre une insurrection générale des Alsaciens-Lorrains, aussi bien dans les villes que dans les campagnes, où une lutte à mort était engagée. Les femmes, les enfants, les vieillards, les infirmes même, bravaient la fusillade des troupes allemandes en leur suscitant tous les piéges, tous les empoisonnements, toutes les catastrophes !

Le général Mercier quittait Valenciennes à la tête de 300.000 hommes de la mobilisation du nord, pénétrait aussi en Belgique et se dirigeait à marches forcées vers Bruxelles, pour soutenir les Belges, comme le général Villain était entré en Suisse pour soutenir les soldats de l'Helvétie.

Les mauvaises nouvelles d'Italie et de Genève avaient singulièrement refroidi l'enthousiasme des soldats allemands. L'empereur Guillaume écumait de rage et faisait des prodiges, mais il perdait du terrain. A l'annonce de l'approche de l'armée franco-russe de Genève, qui longeait maintenant le Rhin et qui allait le prendre en flanc, et peut-être couper ses communications avec l'Allemagne, il voulut franchir les Vosges, mais une bataille terrible, une hécatombe épouvantable dans laquelle il trouva la mort, lui barra le chemin et son armée se trouva refoulée avec son état-major, de l'autre côté du Rhin, dans le grand duché de Bade.

Les places de Strasbourg et Metz tenaient toujours, mais l'arrivée des généraux Villain et Louis Napoléon, en passant sur le corps de l'armée impériale allemande, en plein pays Badois, fit rendre ces places qui durent ouvrir leurs portes aux Français du général Roland et d'où les garnisons allemandes désarmées, durent sortir prisonnières et aller attendre les événements sur les bords de la Loire, que beaucoup d'anciens avaient déjà vus dans des temps plus heureux pour leurs armes. A leur tristesse, répondait la joie de toute la France, les effusions et les embrassades de tout le pays alsacien-lorrain !

Les généraux Roland, Villain, Louis Napoléon, marchaient maintenant avec l'armée franco-russe, à la rencontre du général Wagner.

C'est dans la plaine de Waterloo qu'eut lieu la grande bataille.

Wagner avait culbuté les Belges, occupé Bruxelles, fait sa jonction avec Wolseley et ses Anglais ; tout cela marchait vers la France, quand les avant-postes du général Mercier crièrent : halte-là ! qui vive ?

La bataille s'engagea aussitôt ; qui pourrait la dépeindre?

Les canons roulaient les uns sur les autres et tiraient parfois bouche à bouche à bout portant ; les lignes, les masses profondes de l'infanterie, laissaient des montagnes de cadavres pour se ruer à nouveau à la fusillade, à la baïonnette, dans une mêlée furieuse, interminable ; les escadrons venaient faucher les têtes, écraser les membres et joncher le sol de leurs cavaliers et de leurs chevaux morts. Le lion de Waterloo, canonné, criblé, émietté, fracassé, pulvérisé, s'était creusé une tombe sur son emplacement ; plus rien n'en subsistait.

Anglais et Prussiens avaient la rage au cœur.

Les lignes françaises sous Mercier s'affaiblissaient, peut-être allaient-elles périr entièrement, héroïquement, lorsque tonna sur l'aile gauche des Anglo-Allemands, le canon des Villain, Roland et Louis Napoléon.

Lorsque Russes et nouveaux Français vinrent se jeter

dans la mêlée, alors, ce fut une tuerie épouvantable, le sang humain jaillissait et retombait en pluie de pourpre sur le sol maculé, défoncé, couvert de corps...

Le général Ignatief vint à son tour, à la tête de l'armée russe qui avait écrasé Putmaker sous les murs de Dantzig, pris et occupé Berlin et couru au secours de ses frères d'armes, les soldats de Genève, de Bade et de Waterloo!

Les débris de l'armée anglo-prussienne ayant capitulé, allèrent prendre du repos, sans armes et prisonniers, sur les bords du Rhône aux environs de Lyon.

Quelle joie! quelles embrassades! quels vivats! sur ce champ de bataille de Waterloo!

C'était la revanche éclatante de l'Europe nouvelle sur la vieille Europe!

Mercier, Roland, Villain, L. Napoléon, Ignatief, ne tarissaient pas de cris de vive la France! vive la Russie!

Les armées victorieuses répétaient ces cris et les yeux fixés sur un Napoléon en redingote grise, petit chapeau... elles envoyaient aux échos des Pyrénées, des Alpes et des monts Ourals, ce dernier cri formidable et irrésistible :

Vive l'empereur!

VII

BATAILLE NAVALE DE L'ATLANTIDE

Pendant tous ces événements, l'amiral Gervais, à la tête de l'escadre du Nord, ayant arboré son pavillon sur le cuirassé *Jeanne-Darc*, était allé rallier la flotte russe de Cronstadt et les vaisseaux de guerre danois, suédois, hollandais. Une immense flotte donnait dans la Baltique et dans la mer du Nord un rude appui au général Ignatief en bombardant les villes du littoral où se cachait la marine allemande et en détruisant celle-ci. Cette immense flotte, sous le commandement en chef de l'amiral Gervais, venait ensuite balayer les Anglais dans la Manche, faire lever leurs blocus et pousser leurs escadres dans l'Atlantique.

Notre amiral, ayant également fait lever le blocus de Brest et Rochefort et rallié les navires de guerre de ces ports, notamment le *Chanzy* et le *Courbet*, se dirigeait vers Gibraltar, lorsqu'il entendit le canon de la citadelle gronder du côté de la Méditerranée. Il assista au dernier assaut des Espagnols sur le mont Gibraltar et à la chasse d'une flotte anglo-austro-italienne par les amiraux Lefebvre, Humann et Avellan qui s'étaient bravement engagés dans le détroit en canonnant à outrance tout ce que dominait le pavillon anglais. La triple flotte ennemie fut prise, désarmée et reléguée dans le port de Gibraltar. Le drapeau espagnol flottait désormais sur la citadelle!

On pouvait voir des hauteurs de Gibraltar la plus belle flotte qui eut jamais approché des colonnes d'Hercule, entre l'île Madère et le golfe de Gascogne. Il y avait là, 20 cuirassés ou navires en fer français, tels que la *Jeanne-Darc*, le *Courbet*, le *Jauréguiberry*, le *Chanzy*, etc. sous l'amiral Gervais. 16 cuirassés russes, tels que le *Krasnoï-Coelo*, le *Pamiet-Azowa*, le *Nachimoff*, etc., sous l'amiral Avellan. 2 cuirassés grecs, le *Milliade* et le *Thémistocle*, amiral Polysperchon. 4 cuirassés espagnols, dont l'*Andalou*, amiral Fuero. 2 cuirassés danois, le *Belt* et le *Skager-Rack*, amiral Springfield. 2 suédois, le *Sturm* et le *Polaire*, amiral Barrow. 2 hollandais, le *Zuyderzée* et le *Berg-op-Zoum*, amiral Van-Noël. 2 belges, le *Léopold* et le *Brabant*, amiral Artevelde. Plus 100 navires de toutes sortes, frégates, torpilleurs, sous-marins, tels que le *Nautilus*, le *Goubet*, le *Jules-Verne*, etc., la plupart français. En tout 156 navires bien appareillés, bien approvisionnés, armés à la dernière perfection et montés par les marins les plus intrépides du monde.

Cette flotte se rangeait en soc de charrue, en triangle scalène mouvant, comme un immense vol de grues ou d'oies sauvages dans l'air, lorsque ces oiseaux quittent les rivages du Nord et vont chercher un climat plus hospitalier sur les côtes occidentales de l'Afrique et de Madagascar.

La *Jeanne-Darc*, battant pavillon de l'amiral Gervais, tenait la tête ou la pointe du triangle, dont le plus long côté se dirigeait à droite vers le golfe de Gascogne; le *Krasnoë-Coelo*, amiral Avellan, et le *Jauréguiberry*, amiral Humann, venaient ensuite à droite et à gauche, etc.

Au loin, en avant de cette belle flotte, commençait à poindre une ligne de points noirs en forme de croissant, dont les pointes, tournées vers nous, semblaient s'écarter comme deux bras gigantesques prêts à nous embrasser, à nous étouffer sur le sein d'un Vulcain ou d'un Neptune irrité!

C'était l'amiral Simpson avec toutes les forces disponibles de l'Angleterre et les marines réunies de l'Italie, l'Autriche, l'Allemagne, la Turquie; le tout formant un ensemble de plus de 200 navires de tout rang, disposés à engloutir toutes les autres marines du monde, à conquérir définitivement l'empire des mers, à faire reculer la civilisation de six siècles!

Quelles dispositions! Quels combats allaient avoir en spectacle les âmes de nos aïeux, le grand soleil, les étoiles du firmament et les monstres marins aux aguets dans l'abîme!

Des coups de canons monstres et des fusées multicolores, comme des feux de joie, partirent de tous les points à la fois, du triangle comme du croissant; puis le miroir des eaux qui avait d'abord reflété cette splendide démonstration se ternit tout à coup, s'agita, et des tourbillons immenses se mirent à danser, sauter, se heurter, se poursuivre, s'empiler, se crocheter, se retourner, s'enfoncer, s'élever, paraître, disparaître... Des cratères s'ouvraient sur des monts improvisés et vomissaient, à l'instar du Vésuve et de l'Etna, des torrents de feu et de flammes toujours renouvelés, que les eaux profondes de tout un océan ne parvenaient pas à éteindre.

Dieu! que penser de ta puissance et de ta grandeur, si les hommes, ces pygmées, les créatures, peuvent donner un pareil spectacle!

L'océan, au-dessus de la vieille Atlantide, agité par des milliers de furies, par tous les tonnerres du vieux monde réunis, par toutes les haines amassées et couvées depuis le coup de couteau de la place de la Révolution, le 21 janvier 1793; l'Océan, comme un colosse ayant perdu la tête, pris de la danse de Saint-Gui, secouait, mêlait, démêlait, dans le fracas des abordages, des armes à feu, des cris de rage, des bouillonnements, des explosions, des engloutissements, les cuirassés, les frégates, les avisos, les lougres, les torpilleurs.....

Mais tout a une fin dans le monde créé. Le soleil se penchait vers l'Occident, la nuit étoilée et la blonde Phœbé allaient à leur tour refléter sa lumière... Le calme revenait peu à peu... Au point mort, quelques rares embarcations allaient d'une masse à l'autre... L'homme s'agitait encore, mais le feu avait cessé, on faisait un triage, on mettait de l'ordre dans ce qui restait des deux superbes flottes...

La *Jeanne-Darc* triomphante, bien que meurtrie, salie, méconnaissable, éclaboussée sur sa robe blanche jadis immaculée, pointait vers les côtes de France, l'amiral Gervais sur sa dunette, sous les drapeaux tricolore et blanc à la croix de Saint-André; elle était suivie d'une cinquantaine de navires, dont plusieurs remorqués, remplis de blessés et de prisonniers et presque tous démâtés, criblés, les œuvres surnageantes déchirées, bossuées, déplacées, anéanties. Tout cela tenait tant bien que mal la mer qui était redevenue calme et sereine.

Les côtes de Portugal, d'Espagne et de France, jusqu'au port de La Pallice, à La Rochelle, eurent leur part de ces glorieux débris. Un cri d'enthousiasme partit de toute la France, de toute l'Espagne, qui le croira? de toute l'Italie, monta dans les airs, traversa la morne Allemagne et reprit plus vivace des bords de la Vistule jusqu'aux embouchures du Gange et de l'Indus où il alla se perdre dans l'océan Indien !

Les amiraux Simpson, le brave Avellan, le non moins brave Humann, ces deux derniers vainqueurs de la bataille du Bosphore, avaient été emportés par des boulets et leurs vaisseaux amiraux : l'*Infernet*, le *Krasnoë-Coelo* et le *Jauréguiberry* avaient coulé à pic avec une multitude d'autres navires et leurs équipages, sur l'emplacement de la vieille Atlantide où les monstres marins vont contempler les monuments écroulés, les fûts de colonnes, les chapiteaux, une avalanche de carcasses de fer et de bois et se repaître de cadavres tous frais.

C'est grandiose et horrible, mais Trafalgar était vengé !

VIII

CONGRÈS DE BERLIN ET CONCILE DE VIENNE

Après la bataille de Waterloo (2ᵉ édition), une armée alliée vint fêter dans Paris la victoire définitive des Franco-Russes sur la triplice unie aux Anglais.

A la tête de cette armée se tenaient les généraux Villain,

Roland, Mercier, Napoléon, Ignatief. Des trains spéciaux amenaient le tout en 24 heures et au moment du débarcadère dans les gares de la Compagnie du Nord, le canon des Invalides tonna, toutes les cloches de Paris que dominait la Savoyarde de Montmartre, furent mises en branle et tout Paris-vivant était sur pied pour acclamer nos soldats victorieux. Des arcs de triomphe s'élevaient sur toutes les avenues, les boulevards ; des jonchées de lauriers et de fleurs multicolores couvraient toutes les voies... Et lorsqu'on vit nos généraux entourant le prince Napoléon en redingote grise, petit chapeau... la tête tourna à la population, à l'armée, et un formidable cri de Vive l'empereur ! à ébranler la voûte des cieux, vint faire trembler les vitres de l'Elysée, tressaillir les cendres du grand homme dans son tombeau des Invalides et mettre tous, debout et découverts, les hôtes du palais Bourbon et du Luxembourg en séance.

Carnot, qui venait d'être réélu pour la troisième fois président de la République, à l'Elysée, où le prince Louis venait d'être littéralement porté, luttait de son mieux pour la légalité, le prince s'excusait et ne voulait pas non plus sortir de la légalité, mais les Vive l'empereur ! faisaient tant vibrer les vitres et les poitrines, que le Sénat et la Chambre des députés réunis en Congrès, révisèrent séance tenante l'article de la Constitution concernant le Président de la République. Celui-ci était nommé à vie et prenait le titre d'empereur ou premier soldat, sous le nom de Napoléon V. Carnot faisait ses malles et se retirait avec sa famille dans son château de Chabanais, au bord de la Vienne en Limousin. Napoléon V lançait un décret, d'après lequel rien n'était changé dans l'administration et la représentation nationales, sauf la reconstruction immédiate des Tuileries, la reformation de la garde de Napoléon Iᵉʳ avec les mêmes costumes, le travail en honneur, glorifié, par l'institution de la fête du 1er Mai, la retraite obligatoire, assurée à tous les travailleurs, l'instruction gratuite à tous les degrés, l'institution des grands concours publics pour tous les postes en temps de paix, l'érection d'une pyramide, genre tour Eiffel, sur le champ de bataille de Waterloo, avec emblème d'un colossal génie, nommé 1902, effaçant sur un tableau de marbre noir, cette date : 18 juin 1815. L'élection du Sénat par le suffrage universel, et la nomination de Carnot fait duc de l'Elysée, comme grand chancelier de la légion d'honneur !

Un télégramme de félicitations, d'Alexandre III, arrivait de Gatchina à l'Elysée ; Napoléon V y répondait par des vivats de reconnaissance et la demande de la main de la Princesse Catherine, dernière fille de l'empereur de Russie.

La dernière dépêche parvenue à l'Elysée était ainsi conçue : Accepté et accordé. Alexandre.

Paris et toute la France étaient à la joie, au plus patriotique enthousiasme !

Pendant ce temps, les ministres plénipotentiaires de toutes les puissances européennes se réunissaient en congrès à Berlin, dans une salle du palais impérial, tandis que les évêques et les cardinaux de tout l'ancien monde se réunissaient en Concile dans le vaisseau de la Cathédrale, approprié à cet effet, de la ville de Vienne.

Le Congrès décida l'abolition de la couronne impériale dans la maison des Hohenzollern et décerna cette couronne au vieux François-Joseph de Hapsbourg, avec le nouveau titre d'empereur d'Allemagne-Autriche et roi de Hongrie ; ses nouveaux états comprenaient l'Autriche, la Hongrie, comme avant la guerre, plus les provinces allemandes de la rive droite du Rhin jusqu'en Westphalie et de l'Ems jusqu'à son embouchure avec retour par l'Elbe jusqu'à un point à déterminer au-dessous de Dresde sur la pointe de la Lusace.

Le Danemarck reprenait le Schleswig-Holstein avec l'île d'Helgoland.

La Hollande agrandissait son territoire d'une partie des provinces du Rhin, de Westphalie et d'Oldembourg.

Le Mecklembourg, la Poméranie, le Brandebourg, la Silésie, toute l'ancienne Prusse avec Berlin sa capitale, devenaient provinces russes.

Le nouvel empire d'Allemagne s'étendait donc de la mer du Nord à l'Adriatique et à la Méditerranée.

La Russie gardait Constantinople, Berlin en Europe et les Indes en Asie.

L'Australie se mettait en république indépendante.

La Grèce devenait un royaume composé de son ancien territoire et de tout le territoire de la Turquie d'Europe, à l'exception de la Roumélie orientale et des terres au delà de la Strouma qui se jette dans le golfe de Rendina, de la mer Égée. Tout l'archipel de cette mer jusqu'à l'île de Rhodes et dans la Méditerranée l'île de Crète, lui étaient dévolu.

La Belgique s'annexait volontairement à la France avec toutes les provinces de la rive gauche du Rhin. Le congrès faisait revivre le traité de Lunéville du 9 février 1801, entre la France et l'Autriche, qui reconnaissait comme limites à la France, le Rhin et les Alpes.

L'Irlande se séparait de l'Angleterre et se mettait en république, ainsi que le Canada, sous le protectorat de la France. Les îles de Guernesey et Jersey retournaient à la France.

L'Espagne et le Portugal s'unissaient en république

Ibérique avec possession du Riff et de tout le Maroc en Afrique.

La France prenait tout le littoral asiatique de la Palestine et africain depuis le canal de Suez, en passant par la Tripolitaine, la Tunisie, l'Algérie sur la Méditerranée ; du Sénégal jusqu'au Cap de Bonne-Espérance, le Transwal et le Congo avec Madagascar sur l'océan.

Napoléon V prenait les titres d'empereur des Français, de roi d'Italie et de roi d'Egypte. L'Italie était constituée en royaume uni à la France, sauf Rome, déclarée Ville-Eternelle libre, et confiée au Souverain Pontife, avec droit d'extension dans toute la campagne romaine.

Jérusalem, avec les mêmes droits, devenait aussi ville papale. Malte était livrée au pape. Les ordres de Malte et des Templiers étaient ressuscités sous la domination du Pape, pour la garde de Rome et des Lieux-Saints.

La Suisse exaltée pour sa bravoure, voyait son indépendance confirmée et touchait, de même que la Suède et Norvège, une magnifique indemnité. (1)

Au Concile de Vienne, les évêques de toutes les confessions s'étaient rangés sous la Présidence et les Commandements spirituels du Saint-Père, le vieux Léon XIII, qui venait d'assurer la liberté et l'unité du culte catholique pour lui et ses successeurs.

La Palestine devenue province française, allait attirer désormais en pèlerinage tous les chrétiens du monde entier !...

Aujourd'hui, Napoléon V attend, à Paris, l'arrivée du Tzar Alexandre III et de sa fille, la Tzarowna Catherine, sa fiancée, tant pour l'inauguration des nouvelles Tuileries

---

(1) L'égoïste Angleterre était bien réduite, mais personne ne la plaignait..

que pour son mariage et son Sacre, par Sa Sainteté Léon XIII, venue exprès de Rome.

Demain, les voûtes de Notre-Dame retentiront du plus beau *Te Deum* et la bénédiction du successeur de Pierre promettra un siècle de paix, peut-être plusieurs à l'Europe !

Bordeaux, Avril 1891.

MAITRE JACQUES.

ISSOUDUN. — IMPRIMERIE EUGÈNE MOTTE

Cave Universelle
A RIBÉRAC (Dordogne)

S'adresser, pour Vins de table naturels, blancs et rouges, de tous crus et de propriétaires français et étrangers, à M. POLYDORE, Inspecteur de 1ʳᵉ classe des Chemins de fer de l'État en retraite, à Ribérac.

Expédition de tous Vins fins, Liqueurs de grande marque, Chartreuse du Couvent, Fine-Champagne, Cognacs, Armagnacs, Rhums, Kirschs, par caisses variées de six bouteilles au minimum. — Très avantageux pour noces, festins, repas d'amis ou de familles.

> Vinaigres de Vin, blancs et rosés
> **HUILES D'OLIVES, OLIVES & SAVONS DE PROVENCE**

Demander le Prix-Courant de ce que l'on désire, à Ribérac, à M. POLYDORE, auteur de poèmes estimés : JEANNE D'ARC, 2 fr. ; — VERCINGÉTORIX, 0 fr. 30 par la poste.

Tirage à 1.000 exempʳˢ pour le compte de Mʳ Polydore à Ribérac (Dordoᵍⁿᵉ)
Issoudun, le 12 Avril 1894
E. Motte

www.ingramcontent.com/pod-product-compliance
Lightning Source LLC
Chambersburg PA
CBHW051357050726
47595CB00006B/2590